# WO IST PAULA?

## Deutsch für die Primarstufe

**3**

## Arbeitsbuch

Ernst Klett Sprachen
Stuttgart

Von
Ernst Endt, Michael Koenig, Marion Schomer, Nadine Ritz Udry
unter Mitarbeit von Hannelore Pistorius

Das Lehrwerk ist eine Neubearbeitung der Titel „Junior – Deutsch für die Romandie" und „Der grüne Max 2 Neu" von Elzbieta Krulak-Kempisty, Lidia Reitzig und Ernst Endt.

**Wo ist Paula? Deutsch für die Primarstufe – Band 3**

| | |
|---|---|
| Kursbuch | 605285 |
| Arbeitsbuch mit Audios | 605286 |
| Lehrerhandbuch (zu Band 3 und 4) | 605289 |
| Lehrwerk digital (zu Band 3 und 4) | 605293 |

Zu diesem Buch gibt es Audios, die mit der Klett-Augmented-App geladen und abgespielt werden können.

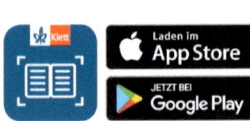  

| Klett-Augmented-App kostenlos downloaden und öffnen | **Seiten mit Audios** scannen | Audios laden, direkt nutzen oder speichern |
|---|---|---|

 Scannen Sie diese Seite für weitere Komponenten zu diesem Titel.

Apple und das Apple-Logo sind Marken der Apple Inc., die in den USA und weiteren Ländern eingetragen sind. App Store ist eine Dienstleistungsmarke der Apple Inc. | Google Play und das Google Play-Logo sind Marken der Google Inc.

**Audio-Dateien als mp3-Download unter www.klett-sprachen.de/paula/medien
Code: WiP@HT-3-4**

1. Auflage 1 ⁷ ⁶ ⁵ | 2024 23 22

© Ernst Klett Sprachen GmbH, Rotebühlstraße 77, 70178 Stuttgart, 2017
Alle Rechte vorbehalten.
www.klett-sprachen.de

**Projektleitung und Redaktion** Elke Sagenschneider Texte und Projekte, München
**Innenredaktion** Annie Faugère
**Herstellung** Carolyn Merkel
**Layout** Marlena Sang, Lassan
**Illustrationen** Hans-Jürgen Feldhaus; außerdem Teresa Zalewska/Hoya
**Karten** Theiss Heidolph
**Cover** Bettina Lindenberg unter Verwendung einer Illustration von Hans-Jürgen Feldhaus
**Satz und Repro** Fotosatz Amann, Memmingen
**Druck und Bindung** Elanders GmbH, Waiblingen

978-3-12-605286-3

# Inhaltsverzeichnis

**Dieses Buch gehört:**

Vorname: _____

Nachname: _____

Schule: _____

Klasse: _____

# Symbole im Arbeitsbuch

ich höre

wir sprechen

ich erzähle

ich lese

ich schreibe

du und ich

wir

wir spielen

frag Familie und Freunde

schwere Aufgabe

# Es ist schon halb acht!

*Ich kann sagen, wie spät es ist.*

## 1 In München ist es zehn Uhr.

**a** Wie spät ist es in …? Zeichne die Uhrzeiten ein. Vergleicht zu zweit.

-1      +1      +8

**London**      **Athen**      **Tokio**

Meike

-6      0

**New York**      **Paris**

> *Wie spät ist es in London?*

> *In London ist es …*
> *Wie spät ist es in …?*

> *Meike ist in …*

**b** Hör die Jugendlichen. Wo sind sie? Schreibe die Namen unter die Städte in **1a** und erzähle.

## 2 Recherche: In München ist es zehn Uhr.

Wie spät ist es in …? Zeichne die Uhrzeiten ein. Vergleicht in der Klasse.

**Jerusalem**      **Hong Kong**      **Sydney**      **Los Angeles**

## 1

### 3 Uhrzeit systematisch

 Schreibe die Angaben auf die Linien.

fünf nach – Viertel vor – Viertel nach – zwanzig vor – fünf vor – halb – zwanzig nach

Es ist ...

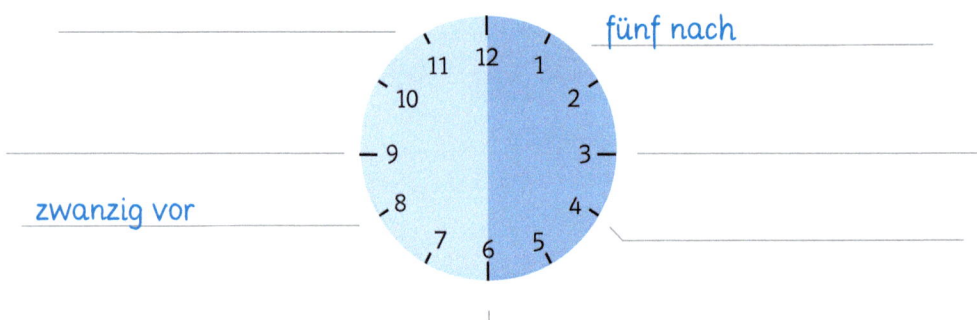

fünf nach

zwanzig vor

### 4 Ordne die Uhrzeiten. Was kommt zuerst, was dann?

_____ Es ist Viertel nach drei.        _____ Es ist zehn nach vier.

__1__ Es ist fünf nach eins.          _____ Es ist halb vier.

_____ Es ist Viertel vor drei.        _____ Es ist zehn vor drei.

_____ Es ist vier Uhr.              _____ Es ist halb zwei.

### 5 Wie heißt das Lösungswort?

**a** Hör die Uhrzeiten, finde die richtige Uhr und nummeriere.

__ A      __ I      __ E      __ N      _1_ C      __ N      __ H      __ N      __ K

**b** Notiere den Buchstaben an der richtigen Stelle.

___ ___ ___ ___ ___ C ___ ___ ___

9    3    2    8    6    1    7    5    4

# Um halb fünf habe ich Zeit.

*Ich kann sagen, um wie viel Uhr etwas passiert und wie lange es dauert.*

## 1 Wann ...? Um ...

Ergänze die Uhrzeiten. Sprecht dann zu zweit.

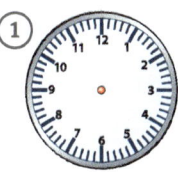 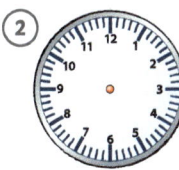 

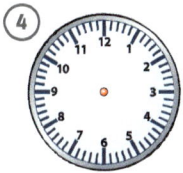 

1 Wann haben wir Schule?
2 Wann haben wir Deutsch?
3 Wann ist Pause?
4 Wann haben wir Mathe?
5 Wann ist die Schule aus?

> Wann haben wir Schule?

> Um ...
> Wann haben wir ...?

## 2 Wann geht ...?

Zeichne in jede Uhr mit Bleistift eine Zeit aus der Liste ein – die Reihenfolge ist egal. Arbeitet dann zu zweit. Fragt und antwortet abwechselnd. Habt ihr auch gleiche Uhrzeiten?

drei Uhr          halb fünf          Viertel vor sechs          halb drei

 Wann geht Paul zum Gitarrenunterricht?

 Wann geht Paul mit Bello spazieren?

 Wann macht er seine Hausaufgaben?

 Wann spielt Paula Fußball?

> Wann geht Paul zum Gitarrenunterricht?

> Um halb fünf.

> Bei mir nicht. Jetzt frag du.

**3** **Wann macht wer was?**

 **a** Ergänze die Sätze.

> *besucht* Katja – *gehen* Britta und Lisa – *haben* die Schüler
> *machen* viele Schüler – *schreibt* die Klasse 7b – *geht* Martin

1 Um halb acht [ geht ] Martin _____ in die Schule.

2 Um zehn Uhr [ _____ ] _____ Pause.

3 Um Viertel vor elf [ _____ ] _____ einen Deutschtest.

4 Um drei [ _____ ] _____ ihre Oma.

5 Um vier Uhr [ machen ] _____ Hausaufgaben.

6 Um fünf Uhr [ _____ ] _____ ins Schwimmbad.

**b** Höre zur Kontrolle.

**4** **So oder so? Mit Sprache spielen.**

Lies die Sätze in Übung **3** noch einmal genau.
Schreibe die Sätze mit den neuen Satzanfängen.

1 Martin _geht um halb acht in die Schule._

2 Die Schüler _____

3 Die Klasse 7b _____

4 Katja _____

5 Viele Schüler _____

6 Britta und Lisa _____

_____

_____

## 5 Ein Dialog, zwei Muster

**a** Was passt? Kreuze A oder B an.    ☐ A          ☐ B

○ Spielen wir Fußball?
● Gute Idee!
○ Um halb drei?
● Um halb drei habe ich
  Klavierunterricht.
○ Ist halb vier o. k.?
● Ja, das ist gut. Also um halb vier.

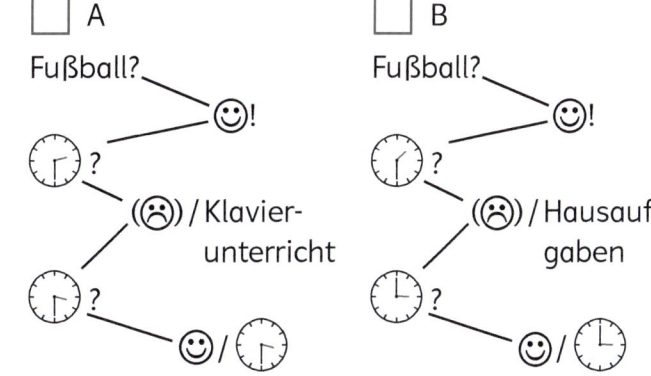

**b** Schreibt zu zweit einen Dialog zu dem Muster, das in Übung **5a** nicht passt.

_____

_____

_____

_____

_____

_____

## 6 Das Muster hilft.

**a** Ordne den Dialog.

_____ : ● Ja, gerne! Wann?

_____ : ● Oh, tut mir leid, da habe ich

         Gitarrenunterricht.

_____ : ○ Ja klar, kein Problem! Also um fünf Uhr!

_____ : ○ Um drei Uhr?

_____ : ● Geht es auch um fünf?

  1   : ○ Gehen wir schwimmen?

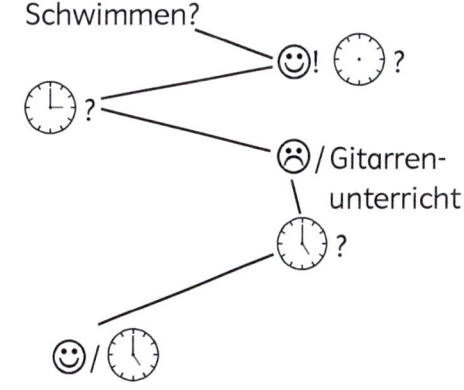

**b** Hört den Dialog zur Kontrolle. Spielt das Gespräch dann zu zweit.

**2**

**7** **Was passt wo? Ordne zu.**

um zehn Uhr – eine halbe Stunde – um 14:30 Uhr – fünfzehn Minuten – heute
um Viertel nach acht – eine Stunde – drei Stunden – acht Minuten – um halb sieben

**Wann . . .?**

um zehn Uhr

_____

_____

_____

**Wie lange . . .?**

8 Minuten

_____

_____

_____

**8** **Am Mittwoch nach der Schule . . .**

**a** Was macht Sven? Hör zu und ergänze.

1 Um ein Uhr gibt es zu Hause __Mittagessen__ .

2 Um zwei geht Sven mit Bello spazieren, eine _____ .

3 Um _____ füttert er die Kaninchen.

4 Der Klavierunterricht dauert fünfundvierzig _____ .

5 Um vier Uhr macht er Hausaufgaben. Das _____ eine Stunde.

6 Um fünf _____ spielt er mit seinen Freunden Fußball.

7 Das Abendessen _____ es immer um halb sieben.

**b** Und was machst du? Erzähle.

1 Um _____ gibt es Mittagessen.

2 Um _____ mache ich Hausaufgaben.

Das dauert _____ .

3 Um _____ spiele ich.

4 Das Abendessen gibt es um _____ .

# Um sieben Uhr stehe ich auf.

*Ich kann sagen, was ich jeden Tag mache.*

**1** **Julians Tag**

**a** Hör den Tagesablauf und notiere, was Julian um wie viel Uhr macht.

1 _Julian_____

2 _Er_____

3 _Es_____

4 _Er_____

5 _Er_____

6 _Er_____

**b** Hör noch einmal und zeichne die Uhrzeiten in die Uhren ein.

**c** Lest zu zweit den Tagesablauf von Julian mit den Uhrzeiten vor.

*Um halb acht …*

*… frühstückt Julian.
Um …*

**2 Trennbare Verben: Sortiere.**

> spielen – essen – anrufen – machen – fernsehen – aufstehen – frühstücken
> anfangen – gehen – aufhören

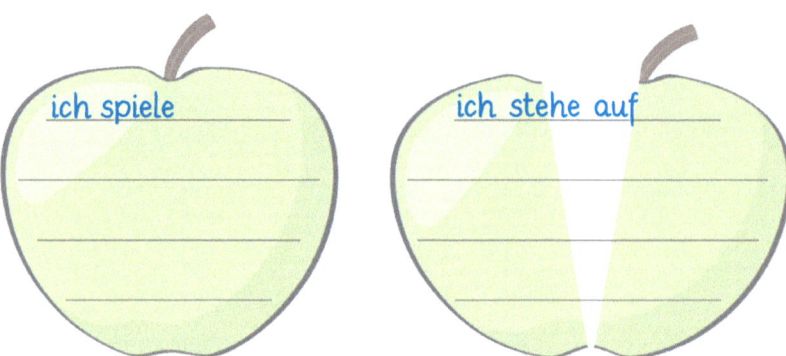

ich spiele

ich stehe auf

**3 Ergänze das richtige Verb in der richtigen Form.**

auf〉stehen    an〉rufen    fern〉sehen    auf〉hören    an〉fangen

1 Sascha _____ um halb acht _____ . Er frühstückt nur fünf

Minuten.

2 Der Unterricht _____ um acht Uhr _____ . Er dauert fünf Stunden.

3 Um drei hat Sascha Gitarrenunterricht. Der Unterricht _____ um Viertel vor

vier _____ .

4 Um vier Uhr _____ er seinen Freund Mattis _____ .

5 Um sechs Uhr gibt es Abendessen. Dann _____ er noch eine Stunde _____ .

**4 Mein Tag**

**a** Lies noch einmal den Tag von Nadine im Kursbuch auf Seite 15.
Lies dann die Fragen unten.

1 Wann stehst du auf?
2 Was frühstückst du gern?
3 Wann fängt die Schule an?
4 Wann hört der Unterricht auf?
5 Wann ist das Mittagessen?

6 Wann hört die Schule auf?
7 Wie lange dauern die Hausaufgaben?
8 Was machst du mit deinen Freunden?
9 Wann gibt es Abendessen?
10 Wann gehst du schlafen?

**b** Notiere deine Antworten auf die Fragen aus **4a** in der Mail.
Wem schreibst du?

Liebe/r _____ ,

hier mein Tag:

Ich stehe um _____ (1) auf.

Dann frühstücke ich _____ (2).

Die Schule fängt _____ (3) an.

Um _____ (4) hört der Unterricht auf.

Das Mittagessen ist um _____ (5).

Dann habe ich wieder Unterricht, aber um _____ (6)
hört die Schule auf.

Jetzt mache ich meine Hausaufgaben. Das dauert _____ (7).

Dann rufe ich meine Freunde an und wir _____
_____ (8).

Um _____ (9) gibt es Abendessen und um
_____ (10) gehe ich schlafen.

Liebe Grüße

Dein/e _____

**c** Arbeitet zu zweit. Fragt mit den Fragen aus **4a** und antwortet mit euren
Informationen aus der Mail.

*Wann stehst du auf?*

*Um …
Wann stehst du auf?*

# Meine Wörter 1

## 1 Die Uhr

**a** Was gehört zusammen?
Schreibe die Uhrzeiten in deiner Sprache in dein Heft.

Es ist ...  zwei **Uhr**
Viertel vor zwei
Viertel nach zwei
zehn vor zwei
**zehn nach** zwei
halb **drei**

> Immer:
> Zahl Uhr Zahl!

**b** Ergänze und notiere die Uhrzeiten in deiner Sprache.

| 10:25 | zehn Uhr fünfundzwanzig _____ |

| 23:02 | dreiundzwanzig Uhr zwei _____ |

_____ dreizehn Uhr vierundvierzig _____

## 2 Ergänze die Zeiten.

Uhr – Viertel – nach – vor – eins

1 Es ist zwei _____ .

2 Es ist zwanzig _____ sechs.

3 Es ist halb _____ .

4 Es ist _____ _____ sechs.

## 3 Arbeitet zu zweit. Fragt und antwortet abwechselnd.

| Wann ... | stehst du auf? | Um ... | drei. |
| Wie lange ... | ist es gerade? | Es ist ... | vier Stunden. |
| Wie spät ... | dauert der Unterricht? | Er dauert ... | zwanzig nach sieben. |
| | hast du Zeit? | | genau elf nach fünf. |

> Wann hast du Zeit?

> Um ...

> Das dauert zwei Stunden!

## Nachdenken über Sprache

**4** **Wie heißt der Satz in deiner Sprache? Vergleiche.**

Um sechs Uhr **kommt** **mein Freund**. _____

**5** **Trennbare Verben.**

**a** Was gehört zusammen? Notiere.

auf    ~~auf~~    an    hören    ~~stehen~~    rufen

fern    an    fangen    sehen

1   _aufstehen_              →   4   _____

2   _____     ←   5   _____

3   _____

**b** Ergänze die Verben aus **a** in der richtigen Form.

1   Um halb sieben _____ Tim _____ .

2   Wann _____ die Schule _____ ? – Um acht Uhr.

3   Der Unterricht _____ um zwölf Uhr _____ .

4   Am Abend _____ Tim gern _____ .

5   Wann _____ Tim seine Oma _____ ? – Am Sonntag.

**6** **Was passt? Ordne zu.**

> nach Hause – Volleyball
> in die Schule – ins Kino
> Gitarre – Hausaufgaben

gehen:    _in die Schule gehen,_ _____

_____

fahren:    _nach Hause_ _____

machen:    _____

spielen:    _____

# Am Montag fahre ich ...

*Ich kann sagen, was ich die ganze Woche über mache.*

## 1 Die Wochentage

 Ordne den Symbolen die Buchstaben zu.

A C D E F G H I M N O R S T W
⬟ ⬠ ⌂ ⛫ ◐ ◑ ◉ ● ◎ △ ▲ ◰ ◿ ▽ ▼

② _____
⌂ ● ⌂ △ ◿ ▽ ⬟ ◐

③ _____
◎ ● ▽ ▽ ▼ ▲ ⬠ ◉

④ _____
⌂ ▲ △ △ ⌂ ◰ ◿ ▽ ⬟ ◐

⑤ _____
◐ ◰ ⌂ ● ▽ ⬟ ◐

⑥ _____
◿ ⬠ ◎ ◿ ▽ ⬟ ◐

⑦ _____
◿ ▲ △ △ ▽ ⬟ ◐

## 2 Mein Terminkalender

 **a** Was machst du jeden Tag? Notiere.

| **Montag** | **Dienstag** | **Mittwoch** | **Donnerstag** | **Freitag** | **Samstag** | **Sonntag** |
|---|---|---|---|---|---|---|

?

1 Am Montag *spiele ich Gitarre.* _____

2 Am Dienstag _____

3 Am Mittwoch _____

4 Am Donnerstag _____

5 Am Freitag _____

6 Am Samstag _____

7 Am Sonntag _____

**b** Sag es anders. Schreibe die Sätze aus **2a** um. Vergleicht zu zweit.

1 Ich spiele **am Montag** _Gitarre._

2 Ich lese **am Dienstag** _____

3 Ich _____ **am Mittwoch** _____

4 Ich _____ **am Donnerstag** _____

5 _____

6 _____

7 _____

**3** ## Was für eine Tageszeit ist das? Ergänze.

Nacht – Vormittag – Morgen – Mittag – Abend – Nachmittag

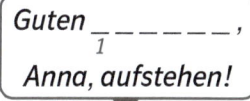

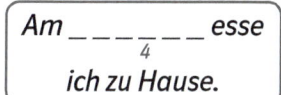

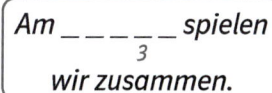

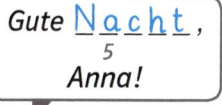

**Lösungswort:** ___ ___ ___ ___ _a_ ___
                   1   2   3   4   5   6

**4**

## 4 Was macht Anne am Sonntag?

 Hör zu und kreuze an.

1 Um zehn Uhr
- ☐ hört sie Musik.
- ☐ spielt sie Klavier.
- ☐ steht sie auf.

2 Um elf Uhr
- ☐ isst sie Pizza.
- ☐ macht sie ihre Hausaufgaben.
- ☐ telefoniert sie.

3 Am Nachmittag
- ☐ geht sie mit Maxi spazieren.
- ☐ schläft sie.
- ☐ spielt sie Tennis.

4 Am Abend
- ☐ hört sie Musik.
- ☐ liest sie.
- ☐ sieht sie fern.

## 5 Wann geht ihr ins Kino?

 Arbeitet zu zweit und fragt euch abwechselnd. Notiert die Antworten.

A

| Samstag | ich | mein Partner / meine Partnerin |
|---|---|---|
| Am Vormittag | Tennis | |
| Am Mittag | Katzenklo sauber machen | |
| Am Nachmittag | Oma besuchen | |
| Am Abend | Kino | |

B

| Samstag | ich | mein Partner / meine Partnerin |
|---|---|---|
| Am Vormittag | Hausaufgaben machen | |
| Am Mittag | Meerschweinchen füttern | |
| Am Nachmittag | Fußball spielen | |
| Am Abend | Kino | |

A: Was machst du am Vormittag?

B: Am Vormittag mache ich Hausaufgaben. Was machst du am …?

# Im Februar ...

*Ich kann sagen, was ich das ganze Jahr über mache.*

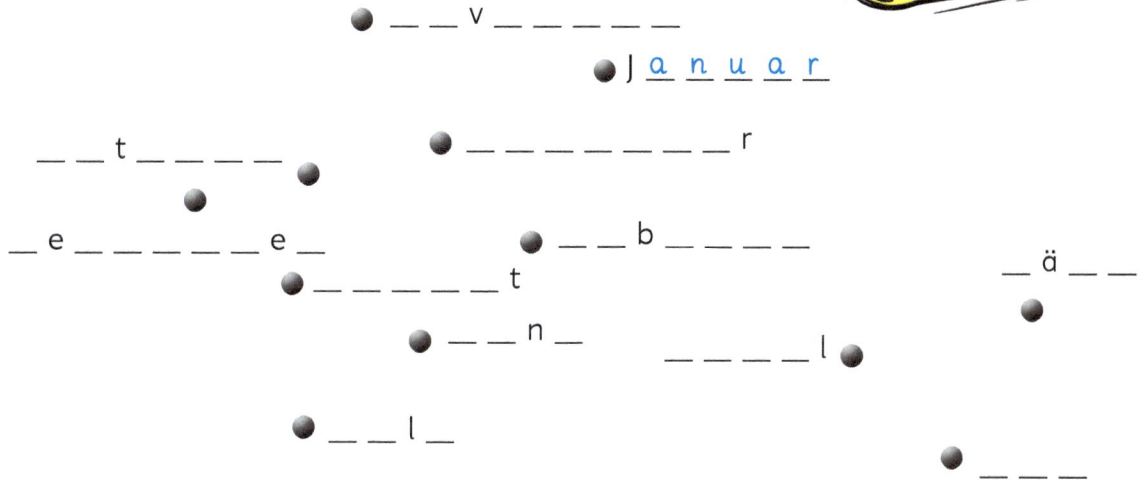

**1** ## Schreibe die Monatsnamen aus.

 **a** Verbinde die Monate der Reihe nach.

_ _ v _ _ _ _ _

J a n u a r

_ _ t _ _ _ _ _          _ _ _ _ _ _ _ _ r

_ e _ _ _ _ _ e _          _ _ b _ _ _ _          _ ä _ _

_ _ _ _ _ t

_ _ n _          _ _ _ _ l

_ _ l _                    _ _ _

 **b** Arbeitet zu zweit. Lest abwechselnd die Monatsnamen vor.

**2** ## Ergänze die Jahreszeiten und das Wetter.

> schneit – Winter – Sommer – regnet – Herbst – Sonne – ~~Frühling~~

<u>Frühling</u>

März, April, Mai

Alles ist grün.

S _____

Juni, Juli, August

Die _____ scheint.

H _____

September, Oktober, November

Es _____ .

W _____

Dezember, Januar, Februar

Es _____ .

### 3 Richtig oder falsch?

Lies die Texte und kreuze an.

Hi, ich heiße Linda Hamilton. Ich wohne in Durban in Südafrika und ich bin 12 Jahre alt. Bei uns scheint oft die Sonne. Im Winter spiele ich meistens Volleyball am Meer oder gehe schwimmen. Im Sommer bin ich mit meiner Familie in den Bergen. Da fahren wir gern Fahrrad!

Ich heiße Makku, ich bin 12 Jahre alt und ich wohne in Uumannaq in Grönland. Bei uns ist es das ganze Jahr kalt. Im Winter fahre ich Hundeschlitten. Im Frühjahr gehe ich fischen und im Sommer gehe ich mit meinen Freunden campen.

Mein Name ist Bill Young. Ich bin 11 Jahre alt und wohne in Sydney in Australien. Sydney ist cool! Wir feiern Weihnachten am Meer. Im August ist bei uns Winter. Da fahre ich Ski in den Blue Mountains. Im Herbst und im Frühling gehe ich oft surfen.

| | richtig | falsch |
|---|---|---|
| 1 Ein Mädchen fährt im Sommer gern Fahrrad. | X | |
| 2 Ein Junge ist an Weihnachten am Meer. | | |
| 3 Ein Junge fährt im Sommer Hundeschlitten. | | |
| 4 Zwei Kinder sind 12 Jahre alt. | | |
| 5 Ein Junge fährt im August Ski. | | |
| 6 Ein Junge geht im Herbst fischen. | | |
| 7 Ein Mädchen ist im Winter oft am Meer. | | |
| 8 Ein Junge geht im Dezember surfen. | | |

# Mein Geburtstag ist am ...

*Ich kann sagen, wann ich und andere Personen Geburtstag haben.*

## 1 Wer hat wann Geburtstag?

Hör zu und notiere die Namen.

**Opa**   **Mama**   **Julian**   **Judith**   ~~Lukas~~   **Papa**

Januar
4
Lukas

Juli
5

März
7

Dezember
25

Mai
5

## 2 Ergänze am und im.

○ Hallo Jonas, was machst du?

● Ich schreibe eine Karte. Mein Opa hat (1) _____ Samstag Geburtstag,

(2) _____ 10. Januar.

○ Und wie alt ist dein Opa?

● Er wird 70! Aber er feiert seinen Geburtstag (3) _____ Sommer,

(4) _____ Juli.

○ Und wann hast du Geburtstag?

● (5) _____ Frühling.

○ Aber wann (6) _____ Frühling?

● (7) _____ März.

○ Und wann genau?

● (8) _____ einunddreißigsten.

## 3 Hör zu und kreuze die richtige Antwort an.

🎧 10
✏️

☒ 4. F
☐ 4 F

☐ 7. Ja
☐ 7 Ja

☐ 3. Ka
☐ 3 Ka

☐ 21. Au
☐ 21 Au

☐ 14. Ja
☐ 14 Ja

## 4 Wann hat . . . Geburtstag?

✏️
💬

Wähle fünf Personen aus und notiere die Geburtstage. Arbeitet dann zu zweit und fragt nach den Geburtstagen.

Meine Mutter: am _____

Mein Vater: am _____

Mein Onkel: am _____

Meine Tante: am _____

Mein Bruder: am _____

Meine Schwester: am _____

Meine Freundin: am _____

Mein Freund: am _____

Mein/e Lieblingssportler/in: am _____

Mein/e Lieblingsschauspieler/in: am _____

Mein Lieblingspopstar: am _____

_____ : am _____

> Wann hat deine Mutter Geburtstag?

> Am . . .

> Wie heißt sie?

> Sie heißt . . .

## 5 Schreibe die Einladung zu deinem Geburtstag.

Liebe/r _____ !

Kommst du zu meiner Party?

Ich habe am _____ Geburtstag.

Die Party ist am _____ .

Sie fängt um _____ an.

Meine Adresse ist _____

_____ .

Liebe Grüße

Dein/e _____

## 6 Das am-im-um-Spiel

Stellt euch im Kreis auf. Werft einen Ball zu einem anderen Schüler / einer anderen Schülerin. Sagt „am", „im" oder „um". Der/Die andere macht einen Satz mit dem Wort.

| am | im | um |
|---|---|---|
| Montag | Januar | ein Uhr |
| Abend | Frühling | halb sieben |
| … | … | … |

*Um Viertel vor sieben stehe ich auf.*

um

im

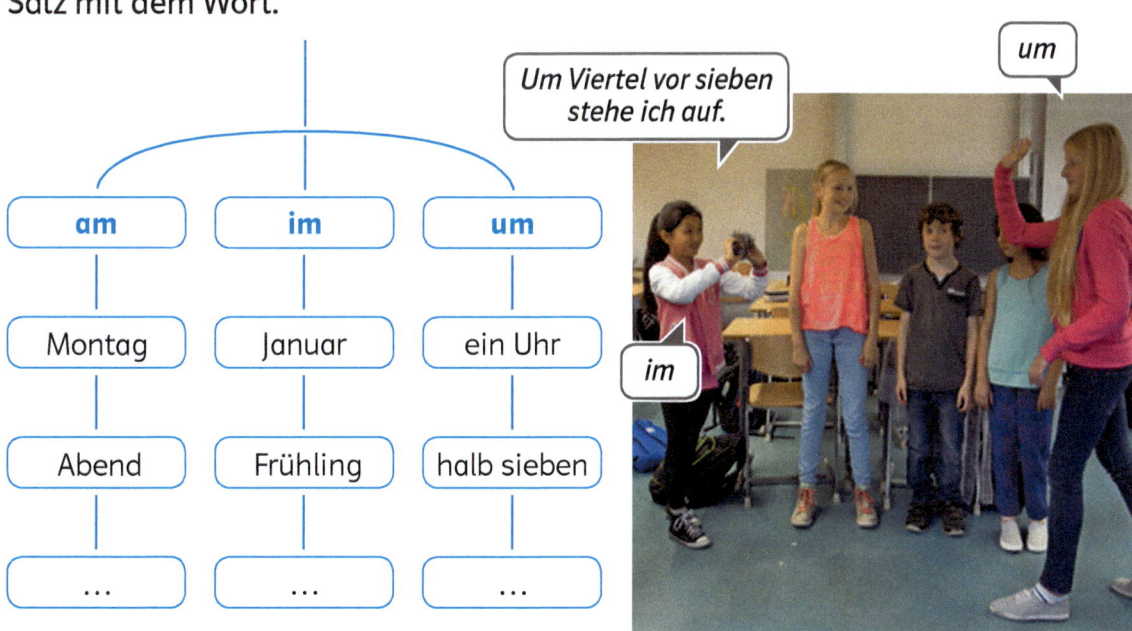

# Meine Wörter 2

**1**  **Ergänze.**

Mo  _Montag_

Di  _____

Mi  _____

Do  _____          } die Wo _____

Fr  _____

Sa  _____   } das Wo _____

So  _____

**2**  **Was passt zusammen? Verbinde.**

am Morgen        um 13 Uhr        am Nachmittag

am Vormittag        um 8 Uhr        am Abend

um 20 Uhr

am Mittag        um 16 Uhr

um 11 Uhr

*Nachdenken über Sprache*

**3**  **Monate und Sprachen**

Vergleiche und ergänze die Monate in deiner Sprache.

| Deutsch | Englisch | Französisch | Italienisch | Spanisch | Meine Sprache |
|---------|----------|-------------|-------------|----------|---------------|
| Februar | February | février | febbraio | febrero | |
| Juli | July | juillet | giuglio | julio | |
| Oktober | October | octobre | ottobre | octubre | |

## 4 Was macht ihr im . . .?

Fragt und antwortet abwechselnd.

im Frühling    im Sommer    im Herbst    im Winter

Ski fahren              ins Schwimmbad gehen

Fahrrad fahren                                    lesen

Skateboard fahren                    surfen

Fußball spielen

Schlitten fahren    Musik hören

Computerspiele spielen

*Was machst du im Frühling?*

*Im Frühling . . . Was machst du . . .?*

## 5 Wie ist das Wetter? Ergänze.

1  Es _____

2  Es _____

3  Die _____

## *Nachdenken über Sprache*

## 6 Wie heißt der Satz in deiner Sprache?

Ich habe **am** 10. (zehn**ten**) Juni Geburtstag.

_____

## 7 am, im oder um?

Spielt zu zweit. Würfelt zweimal und macht Sätze.

| ⚀ | ⚁ | ⚂ | ⚃ | ⚄ | ⚅ |
|---|---|---|---|---|---|
| Frühling, Sommer, Winter | Vormittag, Nachmittag, Abend | 8 Uhr, halb 12, 18:30 Uhr | März, Juli, Dezember | Mittwoch, Samstag, Sonntag | 3. März, 1. August, 24. Dezember |
| fahre ich Ski | schläft Ina lange | ruft Emir Freunde an | fahren wir Fahrrad | lese ich ein Buch | schwimmst du gern |

*Um halb zwölf schwimmst du gern.*

# Meine Stärken 1

Was kannst du schon? Kreuze nach jeder Aufgabe an:

☺ = Das kann ich.  😐 = Das kann ich noch nicht so gut.  ☹ = Das kann ich nicht.

## *Hören*

### 1 Uhrzeiten verstehen

Welche Uhrzeit hörst du? Kreuze an.

1  ☒  🕐
   ☐  🕜

2  ☐  14:20
   ☐  20:14

3  ☐  🕓
   ☐  🕠

4  ☐  04:56
   ☐  06:45

5  ☐  🕛
   ☐  🕕

6  ☐  18:15
   ☐  18:50

| Ich kann die Uhrzeit verstehen. | ☺ | 😐 | ☹ | E1, A3–4 |
|---|---|---|---|---|

### 2 Uhrzeiten und Datumsangaben verstehen

Was hörst du? Unterstreiche.

1  Bastian Baker kommt <u>um 13:30 Uhr</u> / um 14:30 Uhr an.

2  Seine Tournee dauert vier Tage / vierzehn Tage.

3  Er kommt am 3. Juni / am 3. Juli nach Köln.

4  Seine Konzerte sind um 20 Uhr / um 21 Uhr.

| Ich kann Zeitangaben wie Datum, Uhrzeit und Dauer im Zusammenhang verstehen. | ☺ | 😐 | ☹ | E1, A3–4<br>E2, A2–5<br>E6, A2 |
|---|---|---|---|---|

*Lesen*

## 3 Wichtige Informationen verstehen

Geht das oder geht das nicht? Lies die Texte und kreuze an.
Wo steht das im Text?

### ZIRKUS KNIE – DEUTSCHLAND-TOURNÉE

| | |
|---|---|
| | 18.3.–1.4. |
| Lüneburg | 4.4.–8.4. |
| Braunschweig | 10.4.–15.4. |
| Göttingen | 10.6.–29.6 |
| Frankfurt | |

*2 Vorstellungen pro Tag! Auch Montag!*

### Aquasplash

Bremer Str. 36
24960 Glücksburg

1. Mai–30. Juni: 9:30–19:00 Uhr
Anfang Juli–Mitte August: 9:30–20 Uhr
Mitte August–Saison-Ende (Herbst): 9:30–19:00 Uhr
Montag (20./27. April), Mittwoch (22./29. April),
Freitag (24. April), 14–18 Uhr:

*Kaufen Sie Ihre Abonnements für den Sommer!*

### Zoo Münster

Wir freuen uns auf Ihren Besuch: 365 Tage im Jahr.

November–Februar: 09:00–17:00 Uhr
Am 24. Dezember: 09:00–16:00 Uhr
März–Oktober: 09:00–18:00 Uhr

| | Das geht. | Das geht nicht. |
|---|---|---|
| 1 Am Samstag geht Familie Marti am liebsten in den Zoo. | X | |
| 2 Im Januar bleibt Familie Marti bis 18:00 Uhr. | | |
| 3 Im Sommer gehen Tim und Lisa um 10:00 Uhr schwimmen. | | |
| 4 Im Winter gehen Tim und Lisa auch schwimmen. | | |
| 5 Im März geht Familie Nowak in Braunschweig in den Zirkus. | | |
| 6 Im Juli haben die Tiere und Artisten Ferien. | | |

| | | | | |
|---|---|---|---|---|
| Ich kann wichtige Informationen wie Öffnungszeiten verstehen. | ☺ | ☺ | ☹ | E1, A3–4<br>E2, A2–5<br>E4, A2–4<br>E5, A1–2 |

## 4 Einen Text über eine Person verstehen

Lies den Text über Leon und kreuze an.

Ich mag den Frühling am liebsten. Die Sonne scheint wieder, und ich fahre oft Fahrrad und spiele mit Freunden Fußball. Am Vormittag und am Nachmittag bin ich natürlich in der Schule. Aber am Mittwoch habe ich nur am Vormittag Unterricht, am Nachmittag habe ich frei!
Am Wochenende stehe ich um zehn Uhr auf und frühstücke und lese Comics. Das dauert oft eine Stunde. Im Sommer fahre ich dann Skateboard, gehe schwimmen oder treffe Freunde. Im Winter schlafe ich am Wochenende sehr lange aus und frühstücke am Mittag, um zwölf Uhr. Meine Mutter mag das gar nicht! Dann treffe ich Freunde und wir spielen oder gehen ins Kino.
Mein Lieblingsmonat ist auch im Frühling: Ich habe am dreiundzwanzigsten April Geburtstag …

1 Leon mag den Frühling     ☐ sehr gern.
    ☐ nicht gern.

2 Am Mittwoch hat er     ☐ am Vormittag Schule.
    ☐ am Vormittag und am Nachmittag Schule.

3 Leon     ☐ ist gern allein zu Hause.
    ☐ trifft gern Freunde.

4 Am Wochenende     ☐ schläft er aus.
    ☐ steht er um sieben auf.

5 Im Winter frühstückt er am Samstag     ☐ um zehn Uhr.
    ☐ um zwölf Uhr.

6 Er hat     ☐ im Frühling Geburtstag.
    ☐ im Winter Geburtstag.

| | | | | |
|---|---|---|---|---|
| Ich kann verstehen, was eine Person macht und wann sie es macht. | ☺ | 😐 | ☹ | E1, A3–4<br>E2, A2–5<br>E4, A2–4<br>E5, A1–2 |

## 5 Nach Zeitangaben fragen und antworten

**a** Was passt zusammen? Verbinde die Fragen.
Lest dann zu zweit und findet eine passende Antwort.

| | | |
|---|---|---|
| Wann | spät ist es? | Am ersten Januar. |
| Wann | dauert die Pause? | Um acht Uhr. |
| Wie | fängt das neue Jahr an? | Acht Uhr. |
| Wann | ist Ostern? | 20 Minuten. |
| Wie lange | fängt die Schule an? | Im März oder April. |

**b** Fragt und antwortet abwechselnd.

> Wann hast du Gitarrenunterricht?

1 Gitarrenunterricht? – Mittwoch
2 spät? – zwanzig nach zehn
3 Mittagessen? – zwölf Uhr
4 Film? – 90 Minuten
5 Weihnachten? – 24. Dezember
6 Sommerferien? – Juli und August

> Am ...

| | | | | |
|---|---|---|---|---|
| Ich kann fragen, wann etwas stattfindet (Uhrzeit und Wochentag) und wie lange es dauert. Ich kann auf diese Fragen antworten. | ☺ | ☺ | ☹ | E1, A3–4<br>E2, A2–5<br>E4, A2–4<br>E5, A1–2 |

## 6 Uhrzeiten sagen

Fragt und antwortet abwechselnd.
Tragt die Uhrzeiten in eure Tabelle ein.
Vergleicht dann die Uhrzeiten.

> A: Wann frühstückt Paul?

> B: Um Viertel nach sieben. Wann frühstückt Anna?

> A: ...

| A | Anna | Paul |
|---|---|---|
| steht auf | | |
| frühstückt | | |
| macht Hausaufgaben | | |
| spielt | | |

| | Anna | Paul | B |
|---|---|---|---|
| | | | spielt |
| | | | macht Hausaufgaben |
| | | | frühstückt |
| | | | steht auf |

| | | | | |
|---|---|---|---|---|
| Ich kann sagen, wie spät es ist. | ☺ | ☺ | ☹ | E1, A3–4<br>E2, A2–5 |

# Meine Stärken 1

## 7 Sagen, wann jemand Geburtstag hat

Schreibt 5 Kärtchen mit Namen und 5 Kärtchen mit Geburtstagen.
Macht zwei Stapel. Fragt und antwortet abwechselnd.

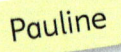 Pauline

2. Februar

*Wann hat Pauline Geburtstag?*

*Am 2. Februar. Wann ...*

| Ich kann sagen, wann jemand Geburtstag hat. | ☺ ☺ ☹ | E6, A2 |
| --- | --- | --- |

## *Schreiben*

## 8 Über meinen Tag schreiben

**a** Was passt wo? Ergänze.

> Abendessen – frühstückt – Hausaufgaben – Mittagessen
> schlafen – Schule – sieben Uhr – spielt – Unterricht

**Anjas Schultag**

Anja steht um __sieben Uhr__ auf. Dann _____. sie: Müsli mit Joghurt.

Um acht Uhr fängt die _____ an. Um zwölf Uhr gibt es _____ .

Am Nachmittag hört der _____ um vier Uhr auf. Dann macht sie

_____ . Dann _____ sie mit Freunden oder liest.

Um sieben Uhr gibt es _____ und um acht Uhr geht sie _____ .

**b** Schreibe über dich. Übung **8a** hilft dir.

Ich stehe um _____ . auf. Dann _____

_____

_____

_____

| Ich kann einen kurzen Text über meinen Tag schreiben. | ☺ ☺ ☹ | E6, A2 |
| --- | --- | --- |

# Brot mit Schinken ...

*Ich kann sagen, was ich esse und trinke.*

## 1 Speisen und Getränke

**a** Finde die Wörter heraus und lies sie laut vor.

kartoffeln|apfelsaftschokoriegelmineralwassereisbanane
pizzakakaobrotkuchenkäsefleischnudelnsalat

**b** Schreibe die Wörter mit dem bestimmten Artikel auf.

der _Apfelsaft_

_____

das _____

die _____

die (Pl.) _____

## 2 Was gehört wohin?

> Kakao – Banane – Brot mit Schinken – ~~Apfelsaft~~ – Kuchen

Orangensaft, Mineralwasser, _Apfelsaft_ _____

Orange, Apfel, _____

Eis, Schokoriegel, _____

Kaffee, Tee, _____

Brot mit Käse, Brot mit Konfitüre, _____

**3** **Essen und trinken: Wer kennt mehr Wörter?**

 Arbeitet zu zweit und sammelt wie im Beispiel. Das Wörterbuch hilft euch. Vergleicht dann eure Wörter in der Klasse.

```
    S
  A P F E L S A F T
    L             I
    A             S
    T             C
                  H
```

**4** **Was passt wo? Ergänze.**

meistens      oft      immer      manchmal      ~~nie~~

<u>nie</u>

0 %                                                          100 %

**5** **Wann und wie oft? Bilde Sätze.**

 1  zum Frühstück / ein Brot mit Konfitüre / ich / esse / meistens

Zum Frühstück  <u>esse ich meistens</u>

2  zum Mittagessen / eine Pizza / ich / esse / manchmal

Zum Mittagessen _____

3  zum Abendessen / ein Mineralwasser / ich / trinke / oft

Zum Abendessen _____

4  zum Frühstück / einen Kakao / ich / trinke / immer

Zum Frühstück _____

5  zum Mittagessen / einen Tee / ich / trinke / nie

Zum Mittagessen _____

6  zum Abendessen / … / ich / trinke / …

Zum Abendessen _____

## 6 Zwei Dialoge

 **a** Ordne die beiden Dialoge. Hör dann zur Kontrolle.

| Dialog 1 | Dialog 2 |
|---|---|

**Dialog 1**

_____ ○ Lecker!

_1_ ● Na, was hast du heute dabei?

_____ ● Nein, heute habe ich ein Brot mit Käse dabei.

_____ ○ Wie immer: ein Brot mit Schinken und einen Apfel. Und du, wieder einen Schokoriegel?

**Dialog 2**

_____ ■ Was isst du gern zum Frühstück?

_____ ■ Ich? Ich esse eine Banane. Und was trinkst du?

_____ □ Zum Frühstück esse ich meistens Müsli. Und du?

_____ ■ Bäh!! Tee mag ich gar nicht.

_____ □ Einen Tee!

**b** Spielt die Dialoge zu zweit. Sagt auch andere Speisen und Getränke.

## 7 Was essen andere Jugendliche?

Welches Wort hörst du wo? Kreuze an.

|  | Aleksi | Jim | Clara |
|---|---|---|---|
| Schinken |  |  |  |
| Fisch |  |  |  |
| Kartoffeln |  |  |  |
| Kuchen |  |  |  |
| Milch |  |  |  |
| Müsli |  |  |  |

# 8 Ich möchte eine Pizza.

*Ich kann etwas Einfaches zum Essen bestellen.*

**1 Ergänze die Speisekarte.**

> Vorspeisen – Getränke – Apfelkuchen – Pizza Margherita – Tomatensuppe
> Kaffee – Desserts – Cola – Schnitzel mit Pommes – Hauptgerichte

Vorspeisen

Bouillon

_____

_____

_____

Spaghetti Bolognese
Lasagne

_____

_____

Vanilleeis mit Schokosoße

_____

_____

Orangensaft
Mineralwasser

_____

_____

**2 Ein Wort oder zwei Wörter?**

**a** Lies die Wörter. Dann hör zu und markiere.

Orangen|saft    Kartoffeln    Banane

Apfelkuchen    Mineralwasser    Tomatensuppe

Schinken    Vanilleeis    Salat

**b** Hör noch einmal und sprich nach.

## 3 Drei Personen im Restaurant

**a** Nummeriere die Sätze in der richtigen Reihenfolge.
Hör dann zur Kontrolle. Stimmt alles?

☐ ○ Mit Ketchup und Majo?

☐ ▪ Ich trinke einen Apfelsaft.

☐ ○ Danke für eure Bestellung.

☐ ○ Was möchtet ihr?

☐ ▲ Ich möchte bitte Schnitzel mit Pommes.

☐ ○ Und was möchtet ihr trinken?

☐ ▲ Nur mit Majo, bitte.

2 ▪ Ich esse heute eine Pizza Margherita. Und du, Mario?

☐ ▲ Und ich hätte gern eine Cola.

**b** Spielt den Dialog zu dritt.

## 4 Ich hätte gern . . .

Arbeitet zu zweit. Jeder streicht vier Speisen und/oder Getränke.
Sprecht dann wie im Beispiel.

Ich hätte gern . . .
Ich möchte bitte . . .
. . ., bitte.

☺ Ja gern. /
Hier, bitte.

einen Apfelkuchen
einen Hamburger
einen Orangensaft
ein Mineralwasser
eine Tomatensuppe
eine Bratwurst mit Pommes
eine Cola
Nudeln mit Tomatensoße

einen Apfelkuchen
einen Hamburger
einen Orangensaft
ein Mineralwasser
eine Tomatensuppe
eine Bratw
einen
Nudeln mit Tomate...

☹ Tut mir leid. Das
habe ich nicht. /
Das habe ich
heute nicht.
Entschuldigung.

Was möchtest du?

Einen Hamburger, bitte.

Tut mir leid.
Das habe ich heute nicht.

## 5 Die Bestellung

 **a** Welche Bestellung ist richtig? Hör das Gespräch und kreuze an.

1. ☐
1 x Pizza Prosciutto
1 x Bratwurst mit Pommes
1 x Pizza Margherita
1 x Salat
2 x Apfelsaft

1 x _____

2. ☐
1 x Pizza Prosciutto
1 x Lasagne
1 x Pizza Margherita
1 x Tomaten mit Mozzarella
2 x Apfelsaft

1 x _____

3. ☐
1 x Lasagne
1 x Bratwurst mit Pommes
1 x Pizza Margherita
2 x Tomaten mit Mozzarella
1 x Apfelsaft

1 x _____

**b** Etwas fehlt noch. Hör das Gespräch noch einmal und ergänze die Bestellung.

# Croissant oder Apfel?

*Ich kann über Essen in der Pause sprechen.*

**1** **Was passt zusammen?**

**a** Bilde Wörter. Manchmal gibt es mehrere Möglichkeiten.

Mineral · Zitronen · Schoko · Apfel · Pausen · Orangen

croissant · brot · wasser · limonade · schorle · riegel · saft

**b** Hör zu und sprich nach.

**2** **Was ist in den Brotdosen? Notiere.**

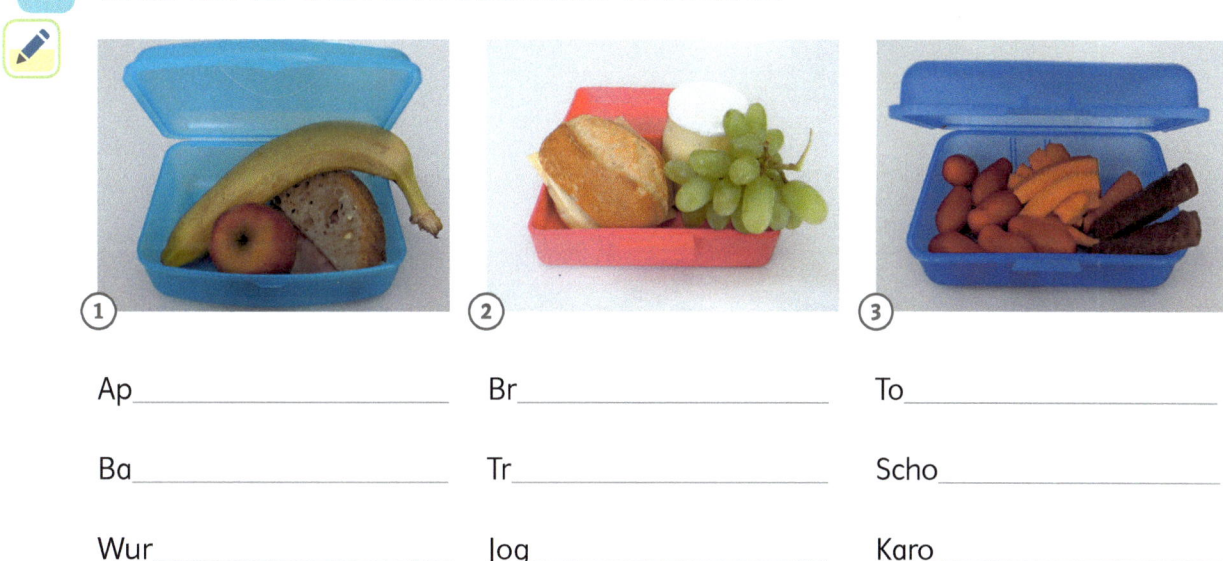

① ② ③

Ap_____     Br_____     To_____

Ba_____     Tr_____     Scho_____

Wur_____     Jog_____     Karo_____

## 3 Unser Pausenbrot

Macht eine Statistik in der Klasse. Wer isst und trinkt was?
Fragt eure Mitschüler und notiert.

## 4 Wir – ihr

Macht Gruppen. Je zwei Gruppen spielen zusammen.
Die Wörter aus Übung **3** oder das Wörterbuch helfen.

## 5 E-Mail an die Klasse 5a

Arbeitet in Gruppen. Lest die E-Mail im Kursbuch (Seite 40) noch einmal.
Antwortet der Klasse auf ihre Fragen und schreibt, was ihr in der Pause
esst und trinkt. Schreibt auch über eure Pausen.

Hi,

vielen Dank _____

Wir _____

_____

Die meisten von uns _____

_____

_____ mag _____

_____ liebt _____

_____ mag _____

_____ liebt _____

_____ isst nur _____

und trinkt nur _____

Wir haben _____ Pause(n). Sie dauert/dauern von _____

_____

So ist es bei uns. Wie findet ihr das?

Bis bald und viele Grüße

_____

# Meine Wörter 3

**1** **Was ist das? Notiere E für Essen oder T für Trinken.**

☐ Limonade

☐T Kaffee    ☐ Karotte   ☐ Milch

☐ Schokoriegel   ☐E Trauben   ☐ Banane   ☐ Nudeln

☐ Mineralwasser   ☐ Apfelschorle   ☐ Müsli   ☐ Pizza

☐ Kakao   ☐ Suppe   ☐ Orangensaft

**2** **Welches Wort passt wo? Ergänze.**

┌─────────────────────────┐
│ Getränke – Pausenbrot   │
│ Fleisch – Obst – Gemüse │
└─────────────────────────┘

1 Karotte – Salat – Tomate: _____

2 Hamburger – Bratwurst – Schnitzel: _____

3 Apfelschorle – Limonade – Mineralwasser: _____

4 Wurstbrot – Käsebrot – Schinkenbrot: _____

5 Banane – Apfel – Trauben: _____

## *Nachdenken über Sprache*

**3** **Wie heißen diese Wörter in deiner Sprache?**

Vergleiche.

Orangensaft _____

Tomatensuppe _____

Vanilleeis _____

Apfelkuchen _____

**4** **Im Restaurant. Ergänze die Bestellung.**

> ich möchte bitte – bitte – ich hätte gern

▲ Was möchtest du bitte?

○ _____ eine Cola.

▲ Und du?

□ Eine Zitronenlimonade, _____ .

▲ Und was möchtest du?

■ _____ eine Apfelschorle.

**5** **Ordne die Wörter.**

meistens      oft      immer      manchmal      nie

immer _____

100 %                                                          0 %

**6** **Was isst und trinkst du wann am Tag und wie oft?**

Erzähle.

| | | | |
|---|---|---|---|
| **zum** Frühstück | esse ich | immer | Müsli |
| **zum** Mittagessen | trinke ich | nie | Schnitzel mit Pommes |
| **zum** Abendessen | | meistens | Nudeln mit … |
| | | oft | Brot mit … |
| **in der** Pause | | manchmal | Kuchen |
| | | | Obst |
| | | | Kekse |
| | | | Mineralwasser |
| | | | …saft |
| | | | Kakao |
| | | | … |

> *Zum Frühstück esse ich oft Brot mit Käse.*

> *In der Pause trinke ich meistens …*

**Beim Bäcker kaufe ich ...**

*Ich kann sagen, wo ich Lebensmittel kaufe.*

**1 Was passt? Ordne zu.**

:········································································:
: der Bäcker – der Markt – der Metzger – der Supermarkt :
:········································································:

_____ _____ _____

**2 Wo kaufst du das ein? Verbinde.**

Karotten, Salat und Tomaten

Eier, Butter und Milch  beim Bäcker

Fleisch, Schinken und Wurst  beim Metzger

Brot, Brötchen und Kuchen  im Supermarkt

Schokolade, Bonbons und Gummibärchen  auf dem Markt

**3 Ergänze und erzähle.**

Milch
Butter
Joghurt
kaufe ich
im Supermarkt

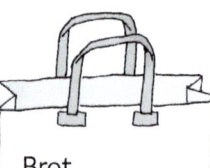
Brot
_____
Croissants
kaufe ich
beim Bäcker

_____
Tomaten
_____
gibt es
auf dem Markt

_____
_____
gibt es
beim Metzger

> *Milch, Butter und Joghurt
> kaufe ich ...*

## 4 Einkaufswagen packen

Spielt in Gruppen wie im Beispiel.

Apfelsaft
Schokoriegel
Konfitüre ✓
Trauben
Milch ✓
Eis
Wurst ✓
Karotten
Kuchen

Orangensaft
Kekse
Nudeln
Eier
Bananen
Äpfel
Schokocreme
Käse
Salat

> *Im Supermarkt gibt es alles. Ich kaufe Konfitüre.*

> *Im Supermarkt gibt es alles. Ich kaufe Konfitüre und Wurst.*

> *Im Supermarkt gibt es alles. Ich kaufe Konfitüre, Wurst und Milch.*

## 5 Herr Stern kauft ein.

Hör zu und ergänze den Einkaufszettel. Probleme? Hör noch einmal.

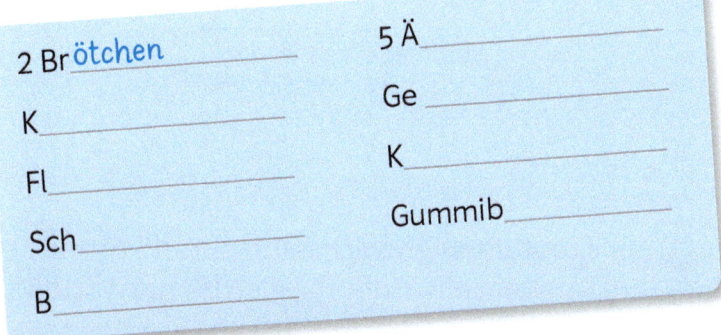

2 Brötchen _____

K _____

Fl _____

Sch _____

B _____

5 Ä _____

Ge _____

K _____

Gummib _____

## 6 Was kostet das? Ist das teuer oder billig?

**a** Hör und lies die Dialoge.

○ Was kostet die Schokolade?
● Die Schokolade kostet zwei Euro fünfzig!
○ Zwei Euro fünfzig? Puuh, das ist teuer!

○ Was kosten die Karotten?
▲ Die Karotten kosten 90 Cent!
○ 90 Cent? Das ist sehr billig!

**b** Wählt ein Produkt aus Übung 4 und nennt einen Preis.
Denkt nach: teuer oder billig? Spielt dann zu zweit Dialoge.

# Zitronen sind zu sauer.

*Ich kann sagen, was ich (nicht) gern esse.*

## 1 Was ist das?

ein Kuchen,
eine Pizza, ein Schnitzel,
Bratwürste mit Ketchup,
eine Zitrone, ein Apfel,
Spaghetti, ein Eis,
Käse, Brot, Pommes,
Kekse

> *Nummer 1, das sind Kekse.*

> *Nummer 4, das ist ein …*

## 2 Was isst und trinkst du gern, was nicht?

Trage ☺ oder ☹ ein. Fragt dann abwechselnd euren Partner / eure Partnerin und tragt seine / ihre Antwort ein. Habt ihr gleiche Antworten?

|  | ich | mein Partner / meine Partnerin |
|---|---|---|
| Nudeln mit Tomatensoße |  |  |
| Fisch mit Kartoffeln |  |  |
| Bratwürste |  |  |
| Tomaten mit Mozzarella |  |  |
| Salat |  |  |
| Vanilleeis mit Schokosoße |  |  |
| Mineralwasser |  |  |
| Cola |  |  |
| Kakao |  |  |

> *Isst du gern Nudeln mit Tomatensoße?*

> *Ja, das esse ich gern. ☺ / Nein, das esse ich nicht gern. ☹*

> *Trinkst du …*

## 3 Was passt? Ordne zu.

> Zitronen – Pommes – Chili – Limonade – Salzstangen – Bonbons – Orangen

süß  salzig  sauer  scharf

_____   _____   _____   _____

_____   _____   _____   _____

## 4 Ratespiel: Was ist das?

**a** „Ich denke an etwas, und das ist süß/sauer/scharf/salzig."

> Ich denke an etwas, und das ist scharf. Es fängt mit C an.

> Chili!

**b** „Ich denke an etwas, und das ist süß/sauer … und gelb/rot/grün …"

> Ich denke an etwas, und das ist gelb und süß.

> Und ich denke an etwas, und das ist gelb und sauer.

## 5 Zungenbrecher

**a** Hör zu und sprich nach.

1 Salzige Salzstangen schmecken sehr, sehr salzig.
   Ja, sehr, sehr salzig schmecken salzige Salzstangen.
2 Chili schmeckt am Sonntag sehr schön scharf.
   Stimmt, sehr schön scharf schmeckt Chili am Sonntag.
3 Klaus Knopf liebt Knödel, Klöße, Klöpse.
   Ja, genau, Knödel, Klöße, Klöpse liebt Klaus Knopf.

**b** Übt die Zungenbrecher.
   Zuerst langsam, dann immer schneller.

**11**

 **6** **Wer isst was?**

Hör zu und ergänze Ben, Paul oder Tanja. Was hilft beim Verstehen?

① 

②

③

_____    _____    _____

 **7** **Mein Essen**

Schreibe, was du gern und was du nicht gern isst. Vergleicht dann zu zweit.

Schmeckt furchtbar!

Schmeckt super lecker!

Schmeckt nicht schlecht.

# Das Schulfest: Guten Appetit!

*Ich kann einfache Rezepte verstehen und sagen, wie ich etwas koche.*

## 1 Obstsalat

**a** Bring das Rezept in die richtige Reihenfolge: Nummeriere die Sätze und ergänze Zuerst, Dann, Danach, Zum Schluss.

> Zuerst – Dann – Danach
> Dann – ~~Zum Schluss~~

_____ _____ alles in eine Schüssel geben.

_5_  Zum Schluss  den Obstsalat mit Vanilleeis essen.

_____ _____ die Äpfel, Bananen und Trauben schneiden.

_____ _____ zu Hause das Obst (Äpfel und Trauben) waschen.

_____ _____ Obst (Äpfel, Bananen und Trauben) auf dem Markt kaufen.

**b** Hör zu und vergleiche. Machst du Obstsalat auch so?

## 2 Perspektiven

Wählt 1, 2 oder 3 und erzählt das Rezept. Tauscht dann die Sprachrollen.

**a** Sprachrolle 1: Du sagst, wie du den Obstsalat machst.

> ich   kaufe   wasche   schneide   gebe   esse

> *Zuerst kaufe ich …*

**b** Sprachrolle 2: Du sagst, wie deine Freundin / dein Freund / deine Mutter den Obstsalat macht.

> er/sie   kauft   wäscht   schneidet   gibt   isst

> *Also, zuerst kauft sie …*

**c** Sprachrolle 3: Du erklärst deiner Freundin / deinem Freund, wie sie/er den Obstsalat macht.

> du   kaufst   wäschst   schneidest   gibst   isst

> *Also, zuerst kaufst du …*

**12**

**3** **In der Küche**

**a** Was passt nicht in die Reihe?

**schneiden:** Tomaten – Brot – ~~Suppe~~ – Käse – _____

**braten:** Bratwurst – Schnitzel – Eier – Schokolade – _____

**waschen:** Karotten – Äpfel – Salat – Spaghetti – _____

**kochen:** Eier – Nudeln – Kuchen – Kartoffeln – _____

**grillen:** Fisch – Gemüse – Fleisch – Müsli – _____

**schälen:** Kartoffeln – Zwiebeln – Karotten – Brötchen – _____

**salzen:** Eis – Salat – Pommes – Kartoffeln – _____

**b** Ergänze noch ein Wort in jeder Reihe bei 3a.

**4** **Küchenverben**

**a** Lies die Sätze 1–10 auf Seite 49 und ergänze die Verben im Rätsel.

| | | | | | | | | |
|---|---|---|---|---|---|---|---|---|
| 1 | | w | a | s | c | h | **e** | **n** |
| 2 | | | | | l | l | **e** | **n** |
| 3 | | s | | | ä | | **e** | **n** |
| 4 | | | | a | l | | **e** | **n** |
| 5 | | | k | | | | **e** | **n** |
| 6 | | c | h | n | | | **e** | **n** |
| 7 | | | | | s | | **e** | **n** |
| 8 | | | o | | | | **e** | **n** |
| 9 | | | b | | | | **e** | **n** |
| 10 | e | i | | | | | **e** | **n** |

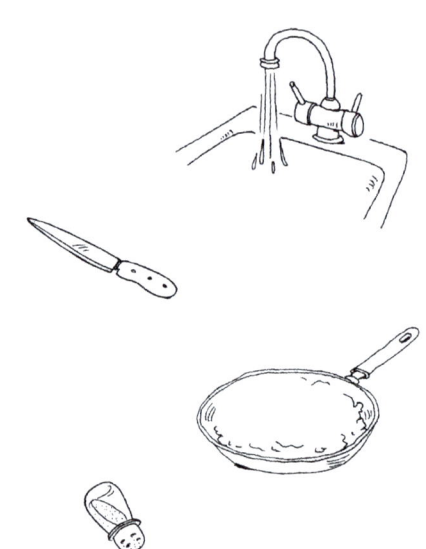

1 Gemüse und Früchte bitte zuerst **(1).**
2 Im Sommer **(2)** viele Leute im Garten, im Park oder am See.
3 Bananen bitte zuerst **(3)**, dann essen.
4 Pommes immer gut **(4).**
5 Nudeln bitte immer nur ‚al dente' **(5).**
6 Zwiebeln zuerst schälen, dann **(6)**!
7 Alles fertig? Dann bitte **(7)**. Guten Appetit!
8 Anke und Meike **(8)** die Suppe: „Mmh, lecker!"
9 Man kann Fleisch **(9)** oder Fisch oder Eier.
10 Zuerst alles **(10)**: auf dem Markt, im Supermarkt, beim Bäcker, beim Metzger …

 **b** Lest die Sätze dann abwechselnd vor.

**5** **Verbinde.**

schneiden

braten

grillen

waschen

schälen

salzen

**6** **Essen beim Schulfest**

Hör zu. Was macht Eva? Was macht David?

_____   _____

# Meine Wörter 4

## 1 Lebensmittel

**a** Was passt? Ergänze.

> Würstchen – Trauben – Brötchen – Käse – Karotten

1 Milch, Joghurt, Butter, _____

2 Brot, Kuchen, Croissants, _____

3 Zwiebeln, Tomaten, Salat, _____

4 Apfel, Bananen, Orange, _____

5 Bratwurst, Schinken, Schnitzel, _____

**b** Wo kaufst du die Lebensmittel? Arbeitet zu zweit.
Fragt und antwortet abwechselnd.

> Wo kaufst du Milch?

> Im ...
> Wo kaufst du Croissants?

| am auf dem beim im | Bäcker Kiosk Markt Metzger Supermarkt |

## 2 Was kostet ...?

Ergänze die Dialoge.

> billig – teuer – was kosten – was kostet

▲ _____ die Schokolade?        ▲ _____ zehn Brötchen?

□ Fünf Euro.        □ Zwei Euro.

▲ Das ist aber _____ !        ▲ Das ist aber _____ !

## 3 Was stimmt?

Ergänze.

> salzig – Zitronen – scharf – Chili – süß – Schokolade

1 Zwiebeln sind _____        4 _____ ist scharf.

2 _____ sind sauer.        5 Pommes sind _____

3 Eis ist _____        6 _____ ist süß.

## 4 Alles Quatsch!

Sprecht zu zweit wie im Beispiel.

| | |
|---|---|
| Nudeln | Salat |
| Brot | Mozzarella |
| Fisch | Käse |
| Tomaten | Schokosoße |
| Würstchen **mit** | Pommes |
| Schnitzel | Obst |
| Kartoffeln | Konfitüre |
| Vanilleeis | Ketchup |

☺ ... schmeckt/schmecken gut/prima/ super/lecker.

😐 ... schmeckt/schmecken nicht schlecht.

☹ ... schmeckt/schmecken furchtbar/ überhaupt nicht.

> *Schnitzel mit Schokosoße? Das schmeckt furchtbar!*

> *Mhm, Schnitzel mit Schokosoße!*

> *Schnitzel mit Schokosoße? Genau, das schmeckt lecker!*

## 5 Waschen, schneiden ...

Was passt? Verbinde. Ein Wort bleibt übrig. Male das fehlende Bild.

① 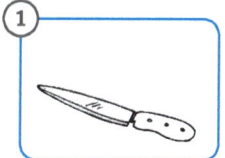  ② 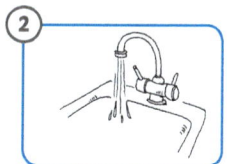  ③   ④

⑤ 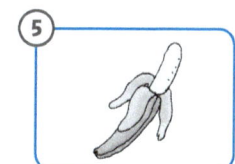  ⑥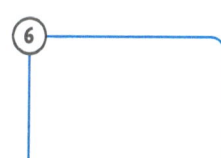

waschen  grillen  schälen  salzen  braten  schneiden

## 6 Kartoffelsalat: Wann machst du was?

Nummeriere und erzähle.

dann    zum Schluss

zuerst

dann

danach

____ Den Salat salzen.

_1_ Die Kartoffeln kochen.

____ Majo dazu geben.

____ Alles in eine Schüssel geben.

____ Kartoffeln und Zwiebeln schälen und schneiden.

> *Zuerst die Kartoffeln ...*

# Meine Stärken 2

Was kannst du schon? Kreuze nach jeder Aufgabe an:

☺ = Das kann ich.  😐 = Das kann ich noch nicht so gut.  ☹ = Das kann ich nicht.

## *Hören*

**1** **Verstehen, wann jemand was isst und trinkt**

 Wann isst Anna was? Hör zu und schreibe den passenden Buchstaben hinter die Wörter rechts. Drei Wörter bleiben übrig.

1 Zum Frühstück (F)
2 In der Pause (P)
3 Zum Mittagessen (M)
4 Zum Abendessen (A)

Brötchen mit Käse ⬜  Salat ⬜  Orangensaft ⬜

Wurst ⬜  Spaghetti ⬜  Mineralwasser ⬜

Banane ⬜  Apfel ⬜  Müsli mit Obst (F)

Limonade ⬜  Brot mit Käse oder Schinken ⬜

| | | | | |
|---|---|---|---|---|
| Ich kann verstehen, wann jemand etwas isst und was er isst. | ☺ | 😐 | ☹ | E7, A2–3 E9, A1 |

**2** **Verstehen, wo jemand einkauft**

Hör zu. Wer macht was? Kreuze an.

|  | Sarah | Fabio |
|---|---|---|
| 1 … kauft viel im Supermarkt. | ⬜ | ⬜ |
| 2 … kauft Obst und Gemüse gern auf dem Markt. | ⬜ | ⬜ |
| 3 … kauft Fleisch und Wurst beim Metzger ein. | ⬜ | ⬜ |
| 4 … kauft beim Bäcker Brötchen. | ⬜ | ⬜ |
| 5 … kauft manchmal am Kiosk ein. | ⬜ | ⬜ |

| | | | | |
|---|---|---|---|---|
| Ich kann verstehen, was und wo jemand einkauft. | ☺ | 😐 | ☹ | E10, A1–3 |

## *Lesen*

**3 Eine Speisekarte verstehen**

Wer bestellt was von dieser Speisekarte? Notiere die Nummern.
Manchmal gibt es mehrere Möglichkeiten.

Vorspeisen/Salate

10 Tomaten mit Mozzarella

11 Salat (Tomaten, Karotten,
Zwiebeln)

Hauptgerichte

20 Schnitzel mit Kartoffelsalat

21 Hamburger mit Pommes

22 Fisch mit Kartoffeln

23 Spaghetti mit Tomatensauce

24 Pizza Margherita (Tomaten,
Käse)

25 Pfannkuchen mit Schokocreme

Desserts

30 Vanilleeis mit Schokosoße

31 Schokoeis mit Obst

32 Obsttsalat

Getränke

40 Mineralwasser

41 Orangensaft

42 Apfelschorle

43 Tee

44 Kaffee

1 Nina isst gern Fleisch.  <u>20</u> ____

2 David hat Hunger und isst gern süß.  ____

3 Sabine mag Desserts, aber sie mag kein Eis.  ____

4 Linus isst gern Gemüse und Fisch.  ____ ____ ____

5 Emma liebt italienisches Essen.  ____ ____ ____

6 Auch Max hat Hunger: Er bestellt ein Hauptgericht und ein Dessert.

Er liebt Tomaten und er mag keine Kartoffeln und kein Eis.  ____ ____ ____

7 Alle Jugendlichen haben Durst.  ____ ____ ____

| Ich kann die Speisekarte in einem Restaurant verstehen. |  |  |  | E8, A1 E11, A1–3 |
| --- | --- | --- | --- | --- |

# Meine Stärken 2

## 4 Ein Rezept verstehen

Was passt? Lies den Text und kreuze an.

☐ Kartoffelsuppe mit Würstchen     ☐ Kartoffelsalat mit Würstchen

Kartoffeln schälen und schneiden.
Gemüse (Karotten, Zwiebeln) auch schälen und schneiden.
Alles in den Topf geben, Wasser dazu und salzen.
25 Minuten kochen.
Würstchen klein schneiden und in den Topf geben.
Guten Appetit!

| Ich kann ein Rezept verstehen. | ☺ ☺ ☹ | E12, A1–2 |
|---|---|---|

## Sprechen

## 5 Sagen, was man wann und wie oft isst/trinkt

Erzähle deinem Partner / deiner Partnerin, was du jeden Tag isst und trinkst.

| zum Frühstück / am Morgen<br>zum Mittagessen / am Mittag<br>am Nachmittag<br>zum Abendessen / am Abend | esse ich<br>trinke ich | immer<br>meistens<br>oft<br>manchmal<br>nie | ... |

> *Zum Frühstück esse ich immer …*

| Ich kann sagen, was ich täglich esse und trinke. | ☺ ☺ ☹ | E7, A2–3 |
|---|---|---|

## 6 Etwas bestellen

Wer sagt das? Ordne zu.

Was möchtest du essen?

Und du?

Ich hätte gern …

**Gast**

**Kellner**

Und zum Trinken?

Eine Cola, bitte.

Ich möchte bitte …

| Ich kann im Restaurant bestellen. | ☺ | 😐 | ☹ | E8, A1–3 |
|---|---|---|---|---|

## 7 Sagen, was ich (nicht) gern esse/trinke

Arbeitet zu zweit. Fragt und antwortet abwechselnd.

… schmeckt/schmecken (super) lecker.
… schmeckt/schmecken nicht schlecht.
… schmeckt/schmecken furchtbar.
… mag ich gern.
… mag ich gar nicht.
… ist/sind (zu) sauer/salzig/scharf/süß.

Magst du Tomaten?

Tomaten schmecken lecker.
Tomaten mag ich gern.
Und du? Magst du Eis?

| Ich kann sagen, was ich gern esse und trinke und was nicht. | ☺ | 😐 | ☹ | E11, A1–4 |
|---|---|---|---|---|

**8** **Über die Pausen in der Schule schreiben**

**a** Was passt wo? Ergänze.

> Apfel – Brötchen – esse – Minuten – ~~Pausen~~ – Mineralwasser – Wurst

**Ninos Schultag in München**

Die Schule fängt um acht Uhr an. Wir haben zwei <u>Pausen</u> .

Eine Pause ist um halb zehn und dauert 25 _____ .

Dann _____ ich immer mein Pausenbrot. Ich habe oft ein

_____ mit Käse und einen _____ dabei.

Oder ein Brot mit _____ . Die zweite Pause ist um 11:30 Uhr

und dauert nur zehn Minuten. Dann trinke ich nur etwas, oft _____ .

Um ein Uhr ist die Schule aus, juhu! Dann gibt es zu Hause Mittagessen!

**b** Schreibe ein paar Sätze über deine Pausen. Der Text in **a** hilft.

**Mein Schultag in** _____

_____

_____

_____

_____

_____

| Ich kann schreiben, wann in meiner Schule Pausen sind und was ich dann esse und trinke. | ☺ | 😐 | ☹ | E9, A1–2 |
| --- | --- | --- | --- | --- |

# Kunterbuntes

1 Bastelt Sanduhren.

Dafür braucht ihr:

einen Trichter

feinen Sand (z. B. Vogelsand)

zwei leere Plastikflaschen
mit Schraubverschluss

ein Sieb

Kleber (Plastik-Kleber
oder Sekunden-Kleber)

eine Schüssel

einen Handbohrer

einen Löffel

Siebt den Sand.

Bohrt in jeden
Deckel ein Loch.

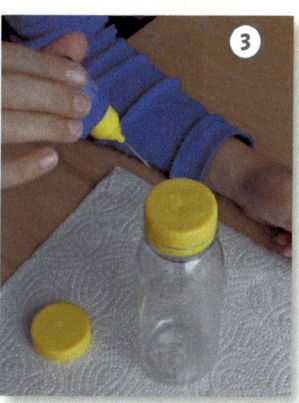

Klebt die Deckel
gegeneinander und

wartet, bis der
Kleber trocken ist.

Füllt den Sand in
die eine Flasche und

schraubt beide
Flaschen zu.

Fertig ist
die Sanduhr.

Messt die Zeit und macht bei jeder Minute
einen Strich auf die Flasche.

**2** Bastelt Geburtstagsgirlanden.

Dafür braucht ihr:

22 weiße oder farbige DIN-A4-Blätter

festes Band

einen Klebestift

Buntstifte

eine Schere

Faltet die DIN-A4-Blätter zu Dreiecken.

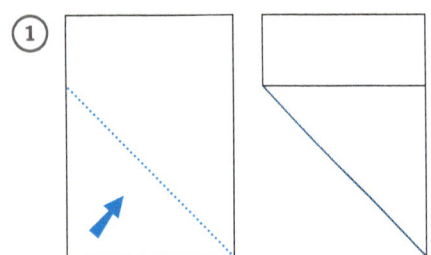

Schneidet die überstehenden Streifen ab.

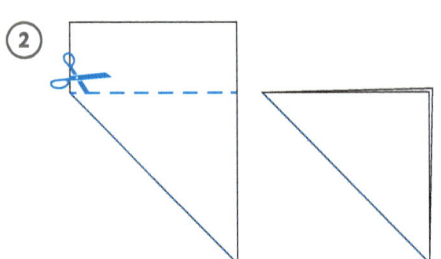

Schreibt ALLES GUTE ZUM GEBURTSTAG auf die Dreiecke – auf jedes einen Buchstaben.

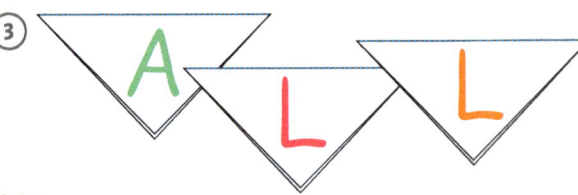

Legt jetzt die Dreiecke in der richtigen Reihenfolge nacheinander um das Band und klebt die Ränder zusammen.

**Fertig ist die Geburtstagsgirlande.**

Macht auch Geburtstagsgirlanden in anderen Sprachen.

# Kunterbuntes

### 3 Obst-Sudoku

In jeder Zeile, jeder Spalte und jedem 6er-Feld darf jedes Obst
nur einmal vorkommen. Male das Obst in die Felder und schreibe das Wort dazu.

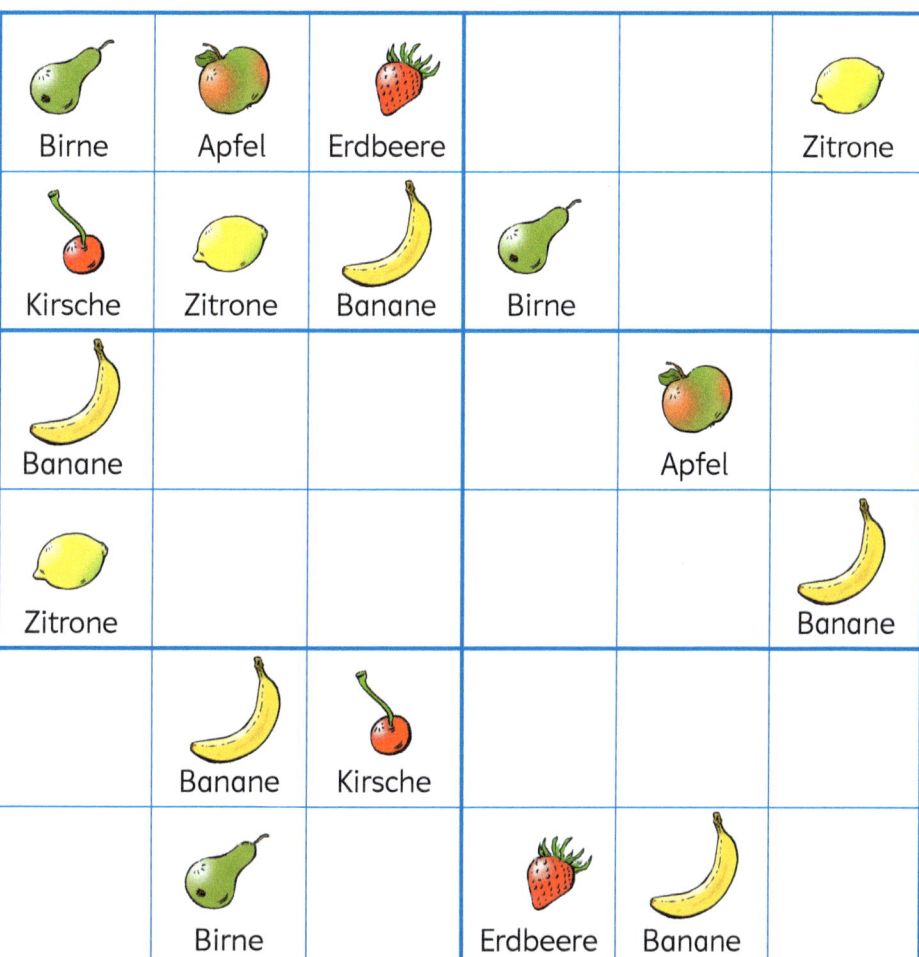

| Birne | Apfel | Erdbeere | | | Zitrone |
| Kirsche | Zitrone | Banane | Birne | | |
| Banane | | | | Apfel | |
| Zitrone | | | | | Banane |
| | Banane | Kirsche | | | |
| | Birne | | Erdbeere | Banane | |

**Wie heißt dieses Obst in anderen Sprachen? Mach eine Liste.**

| Deutsch | Englisch | Spanisch | Türkisch | ... |
|---|---|---|---|---|
| | | | | |
| | | | | |
| | | | | |
| | | | | |
| | | | | |
| | | | | |

**Mach ein Sudoku mit Gemüse für deinen Partner oder deine Partnerin.**

## 4   Macht Obstspieße

Dafür braucht ihr:

Holzspieße

Erdbeeren

Bananen

Nektarinen

Äpfel

Kiwis

Trauben

Wascht das Obst
(Äpfel, Nektarinen,
Trauben, Erdbeeren).

Schält die Bananen
und die Kiwis.

Nehmt die Kerne aus den
Nektarinen und Äpfeln.

Bereitet die Trauben
und Erdbeeren vor.

Schneidet jetzt das Obst
in Würfel oder Scheiben
und steckt alles auf die
Holzspieße.

**Guten Appetit!**

## 5 Kräuterecke

Dafür braucht ihr:

eine Gießkanne

zwei Blumentöpfe

Kräutersamen
(Basilikum, Schnittlauch)

Blumenerde

Füllt die Töpfe mit Erde.

Streut in jeden Topf
etwas Samen.

Bedeckt die Samen
mit Erde.

Täglich mit etwas
Wasser gießen.

**Bald habt ihr Kräuter für eure Pausen-
brote oder für Tomaten mit Mozzarella!**

# Lösungen: Meine Stärken 1

**1** 1 zehn vor drei 🕒 – 2 [14:20] – 3 Viertel vor zehn 🕥 – 4 [06:45] – 5 halb zwölf 🕕 – 6 [18:15]

**2** 1 Bastian Baker kommt <u>um 13:30 Uhr</u> an. 2 Seine Tournee dauert <u>vier Tage</u>. 3 Er kommt <u>am 3. Juni</u> nach Köln. 4 Seine Konzerte sind <u>um 21 Uhr</u>.

**3** 1 Das geht. 2 Das geht nicht. 3 Das geht. 4 Das geht nicht. 5 Das geht nicht. 6 Das geht.

**4** 1 Leon mag den Frühling **sehr gern**. 2 Am Mittwoch hat er **am Vormittag** Schule. 3 Leon **trifft gern Freunde**. 4 Am Wochenende **schläft er aus**. 5 Im Winter frühstückt er am Samstag **um zwölf Uhr**. 6 Er hat im **Frühling** Geburtstag.

**5** **a** 1 Wann fängt das neue Jahr an? – Am ersten Januar. 2 Wann ist Ostern? – Im März oder April. 3 Wie spät ist es? – Acht Uhr. 4 Wann fängt die Schule an? – Um acht Uhr. 5 Wie lange dauert die Pause? – 20 Minuten.

**b** 1 Wann hast du Gitarrenunterricht? – Am Mittwoch. 2 Wie spät ist es? – (Es ist) Zwanzig nach zehn. 3 Wann gibt es Mittagessen? – Um zwölf Uhr. 4 Wie lange dauert der Film? – (Er dauert) 90 Minuten. 5 Wann ist Weihnachten? – Am 24. Dezember. 6 Wann sind die Sommerferien? – Im Juli und August.

**8** **a Anjas Schultag**
Anja steht um **sieben Uhr** auf. Dann **frühstückt** sie: Müsli mit Joghurt. Um acht Uhr fängt die **Schule** an. Um zwölf Uhr gibt es **Mittagessen**. Am Nachmittag hört der **Unterricht** um vier Uhr auf. Dann macht sie **Hausaufgaben**. Dann **spielt** sie mit Freunden oder liest. Um sieben Uhr gibt es **Abendessen** und um acht Uhr geht sie **schlafen**.

**b** Beispiel:
Ich stehe um halb sieben auf. Dann frühstücke ich: ein Brötchen mit Konfitüre und Kakao. Um acht Uhr fängt die Schule an. Um zwölf Uhr gibt es Mittagessen. Am Nachmittag hört der Unterricht um vier Uhr auf. Dann mache ich Hausaufgaben. Dann fahre ich Skateboard oder spiele Volleyball. Und ich gehe mit meinem Hund spazieren. Um halb sieben gibt es Abendessen und um acht Uhr gehe ich schlafen.

# Lösungen: Meine Stärken 2

**1**
1 Zum Frühstück (F): Müsli mit Obst, Orangensaft
2 In der Pause (P): Brötchen mit Käse, Apfel, Mineralwasser
3 Zum Mittagessen (M): Spaghetti
4 Zum Abendessen (A): Brot mit Käse oder Schinken, Salat
übrig bleiben: Wurst, Banane, Limonade.

**2**
1 Sarah, Fabio 2 Sarah 3 Fabio 4 Sarah 5 Fabio

**3**
1 Nina: 20, 21 – 2 David: 25 – 3 Sabine: 30 – 4 Linus: 10, 11, 22 – 5 Emma: 10, 23, 24 –
6 Max: 23, 24, 32 – 7 Alle: 40, 41, 42

**4**
Kartoffelsuppe mit Würstchen

**6**
**Gast**: Ich hätte gern … – Eine Cola, bitte. – Ich möchte bitte …
**Kellner**: Was möchtest du essen? – Und zum Trinken? – Und du?

**8**
**a Ninos Schultag in München**
Die Schule fängt um acht Uhr an. Wir haben zwei **Pausen**. Eine Pause ist um halb
zehn und dauert 25 **Minuten**. Dann **esse** ich immer mein Pausenbrot. Ich habe oft ein
**Brötchen** mit Käse und einen **Apfel** dabei. Oder ein Brot mit **Wurst**. Die zweite Pause
ist um 11:30 Uhr und dauert nur zehn Minuten. Dann trinke ich nur etwas, oft **Mineralwasser**. Um ein Uhr ist die Schule aus, juhu! Dann gibt es zu Hause Mittagessen!

**b** Beispiel:
**Mein Schultag in Madrid**
Die Schule fängt um acht Uhr an. Wir haben eine Pause. Die Pause ist um halb zehn
und dauert 15 Minuten. Dann esse ich immer mein Pausenbrot. Ich habe oft Kekse und
einen Apfel dabei und einen Apfelsaft. Um zwölf Uhr ist die Schule aus, dann gibt es
zu Hause Mittagessen.  Am Nachmittag habe ich auch Unterricht. Die Pause dauert
zehn Minuten und ich trinke nur etwas.

# Quellen

S. 8   iStockphoto (Antagain), Calgary, Alberta
S. 10  Shutterstock (Yanas), New York
S. 12  Fotolia (Kaesler Media), New York
S. 18  Shutterstock (AVAVA), New York;
S. 20  Mountainbikes: Shutterstock (Jacek Chabraszewski), New York; Strand: Fotolia (Pavel Chernobrivets), New York; Hundeschlitten: Shutterstock (Alexander Piragis), New York
S. 23  Meike Birck, München
S. 25  Wetter-Icons: Shutterstock (En min Shen), New York
S. 28  iStockphoto (gbh007), Calgary, Alberta
S. 33  li.: Fotolia (Monkey Business), New York; Mitte: Shutterstock (Gelpi), New York; re.: Dreamstime.com (Gunold), Brentwood, TN; Flaggen: Fotolia (perrmick), New York
S. 35  Helen Schmitz, München
S. 36  Fotolia (WavebreakmediaMicro), New York
S. 37  alle: Helen Schmitz, München
S. 38  alle: Meike Birck, München
S. 42  Breze: iStockphoto (InnaFelker), Calgary, Alberta; Einkaufswagen: Fotolia (nd700), New York; Metzer: iStockphoto (FooTToo), Calgary, Alberta; Markise: iStockphoto (KenWiedemann), Calgary, Alberta
S. 46  Käsebrötchen: Fotolia (Printemps), New York; Pizza: Fotolia (denio109), New York; Salat: Fotolia (George Dolgikh), New York; Teller: iStockphoto (AnthiaCumming), Calgary, Alberta
S. 47  Fotolia (photo 5000), New York
S. 49  Salat: Fotolia (lilechka75), New York; Apfeltopf: Helen Schmitz, München
S. 54  Kartoffelsuppe: Shutterstock (photo-oasis), New York; Kartoffelsalat: iStockphoto (8vFanl), Calgary, Alberta
S. 56  iStockphoto (shironosov), Calgary, Alberta
S. 57  alle: Helen Schmitz, München
S. 58  Marion Schomer, Erlangen
S. 60  alle: Marion Schomer, Erlangen
S. 61  Material und Fotos 1–4: Marion Schomer, Erlangen; Kräuterecke: Fotolia (Team 5), New York

**Audios zum Arbeitsbuch**
**Jugendliche Sprecher:** Marco Diewald, Sarah Diewald, Matteo Jutzi, Lars Mannich, Christian Noaghiu, Luca Pauli, Katharina Reher, Marilena Reher, Philipp Röschke, Kiara Schuster
**Erwachsene Sprecher**: Giulia Comparato, Julia Cortis, Florian Marano, Peter Veit
**Musikproduktion, Aufnahme und Postproduktion:** Christoph Tampe, Plan 1, München
**Regie:** Elke Sagenschneider Texte und Projekte, München; Helen Schmitz
**Laufzeit:** 20:58 Min.